Soles
Manchados

Soles Manchados

POESÍA

PILAR VÉLEZ

snow
fountain
press

Soles Manchados
Segunda Edición

© Pilar Vélez
© Snow Fountain Press
Miami, FL 2014

Fotografía de Pilar Vélez por Cristina Villamil

Snow Fountain Press
25 SE 2nd. Street, Suite 316
Miami, FL 33131

www.snowfountainpress.com

ISBN: 978-0-9885343-1-5

Impreso en los Estados Unidos de América

Al tiempo

que escribió en mi piel

Al amor

que me hizo cometa

A los que tienen la difícil tarea de sujetar mi cuerda

AGRADECIMIENTOS

A Victor, por ser parte de todo lo que emprendo. A la poeta Odalys Interián y al Profesor Oscar Montoto Mayor por su apoyo y trabajo en la edición de este libro. A la escritora Chely Lima por sus enseñanzas durante los talleres literarios. A mi profesor, el poeta Jorge Eliécer Ordóñez Muñoz por compartir su pasión literaria y propiciar mi encuentro con la poesía. A esos amigos que nos regala la vida, las poetas Teresita Chávez de Flórez, Ivonne Sánchez Barea, Ana C. Blum y el poeta Winston Morales Chavarro por escribir el prólogo de Soles Manchados.

CONTENIDO

PRÓLOGO

De la poesía de Pilar Vélez o el tatuaje como poema

Pilar Vélez es una poeta colombiana que toma de la poesía eso que sólo a la poesía le pertenece. Lo de ella es un recordarse a través de las palabras, traer desde su escritura esos elementos atávicos que definen a quien ambiciona el fuego iniciático del poema. Digamos que con la palabra, Pilar recupera eso que para Octavio Paz era tan importante en la creación: *la poesía como conocimiento, salvación, poder, abandono.* Y esto lo vemos en sus poemas, en sus búsquedas individuales que se emparentan con una necesidad colectiva de sabernos humanos. Pilar recupera el fuego, comienza por dibujar su ruta, inventa un paisaje, que, en el fondo, es la ruta de muchos, el paisaje de pocos.

Arranqué con furia las páginas grabadas
Escribí en mi espalda
Me dibujé la ruta inventé un paisaje
Ahuyenté de mí
El mal presagio
Y los soles manchados
Que trazaban mi destino

En la consecución de un territorio poético, Pilar Vélez nos habla de unos elementos que suelen ser cotidianos en la escritura de infinidad de poetas, pero que no dejan de ser fundamentales en nuestra condición como seres vivos. Su poesía invita al viaje, al regreso, a devolver la mirada a una tierra ancestral que gravita y bulle bajo nuestros pies; ella sabe que hay imágenes estampadas en el tiempo, en esa fuente básica de la infancia del mundo, cuando los seres humanos comenzaron a hallar en la poesía una herramienta de visión y audición para entrar en correspondencia con las estrellas, los árboles, los ríos, la noche.

Ayúdame a recordar el sonido y lo que fuimos
No hay historia
Solo imágenes que relampaguean
Perdidas en los primeros trazos
De esta fuente que era el alma
Juntos reclamamos la existencia
El derecho a la palabra
Árboles que descascaran la piel
Para atestiguar el tiempo

Pilar recupera, a través de su vuelo creativo, de su estro poético, eso que a veces se enmudece para los hombres por culpa de los ruidos monocordes de la existencia. Entonces esa plenitud que en ocasiones nos es tan extraña y esquiva, que se vuelve ajena ante tanta perorata intrascendente, regresa por los caminos de su escritura; por lo menos esa es una de sus preocupaciones. Su poesía recobra un importe especial, un importe que concatena lo pasado con el presente, permitiéndole una mirada holística de la vida, de las cosas, de los hechos del mundo. La poeta se vuelve una prestidigitadora que remueve las cosas ocultas, los velos de antiguos ropajes, poniendo los objetos del mundo en la dimensión más cercana y transparente.

Poco podía llevar en estas manos
El recuerdo de este nombre
Que bien pudo ser otro
Cualquier otro

Respiración que motiva la aprehensión de lo suprasensible, ejercicio intuitivo en aras de lo elemental y lo elevado. Ese es el misterio que revela la poesía, ese es el misterio que revela la poeta. Una poética que nos invita a perpetuar el canto; esa manera ligera de conectarnos con el pulso misterioso y ultraterreno de la escritura.

Temí el adiós antes de nacer
Temí mis muertes
Ese adiós sin espacio ni latidos
Sin tiempo

Eras
Ese nudo débil que ata el aire
Un olor a cicuta que espera la partida
Cerré los ojos
A los arreboles prestados
Me quedé sin rostro y sin color
Dejé que el viento se llevara
La carne y la memoria

WINSTON MORALES CHAVARRO
Cartagena de Indias, Colombia

EL VIENTO SOLO
SE LLEVA EL VIENTO

... porque quiero vivir en el fuego,
porque este aire de fuera no es mío,
sino el caliente aliento
que si me acerco quema y dora mis labios
desde un fondo

VICENTE ALEIXANDRE

TATUAJE

No a los ataques con ácido
Podrán borrar el rostro pero no el espíritu

Poco podía llevar en estas manos
el recuerdo de este nombre
que bien pudo ser otro
cualquier otro
lo sembré en la tierra
(indiferente)
su canto fue aurora
pétalo en la espina

No vi la piedra escrita
acuñada en mis errores
ni la sangre
que arrasó con los escombros
huyendo a la memoria

Arranqué con furia las páginas grabadas
escribí en mi espalda
me dibujé la ruta
inventé un paisaje
ahuyenté de mí
el mal presagio
y los soles manchados
que trazaban mi destino

FANTASMAS

¿A dónde irán los recuerdos?
Recorren sin afanes
las callejuelas de la mente
aparecen de la nada en ráfagas de lluvia
sus nostalgias huelen a tierra mojada
vacíos que taladran la existencia

Son tatuajes en mi poesía
tinta que aviva el alma
la mantilla que abraza
mi ventana rota

DE TU MANO

A Victor

Sin añoranzas y libre de culpas
me fundo en la membrana
que me habita y no conozco
gota verde añeja
cristal atemporal que velan tus ojos

Siento que me trago el cosmos de un sorbo
que su incandescencia brota a chorros
desde mis pezones traviesos

Cuelgo mi sonrisa al péndulo
me dejo llevar sin voluntad
a la merced de tu caos
decido amarte
despacio
sin empujar al tiempo
con las alas ancladas al crepúsculo
de cualquier tarde moribunda

En esa soledad que exige ausencia
buscaré tu calidez
me quitaré los ojos
desprenderé de mí el calor y el latido
la existencia será el punto infinito
donde "la nada" me encuentre

COMO PALOMAS

La conciencia es velo
que no ampara
la pared agrietada
de la que escapa el llanto
el grito
el rezo

Busca su guarida
en la raíz del árbol
y en la rama
el salto
el pájaro
la cometa

Agotada en su burbuja
estalla en los rincones
su onda se queda dando vueltas
carcomiendo el silencio

A veces
levita en la armonía
del milagro
liberada se deja llevar
hasta la banca de algún parque

JUVENTUD

Igual que el río
no adivinas el verano
huracán y bruma de los días
hirientes a puerta cerrada

Perdida en el meandro de la calle
en la aguja letal
que subyuga lo sagrado

Espíritu que busca en la rendija
la nota suelta
siempre ingenua

Juventud que huyes del torrente

MADRE

La tristeza me arropó entre las sombras
su vahído es látigo y destierro

Esta hora es vendaval
que arrasa
busco refugio en tu lecho   que es partida

Madre de ojos quietos
respiras
salvada del minuto
que tocó a la puerta
en desespero

      Viene por tu cuerpo

No hay ojos que atestigüen tu palidez
y las manos manchadas
no acusan estaciones

Esperas al tiempo que cortará el hilo

Tu paz
se ha llevado mis sombras

IMPERCEPTIBLES

Me arrulla el viento hijo del viento
un leve temblor
y cae mi alma al frío
—imperceptible—
soledad de cualquier espacio
en la línea creada

Expuesta al infinito
grano a grano
hielo a hielo
suelto el nudo que nos une

Nos dejamos caer al vacío

Mi alma   cristal soplado
viaja a su propio laberinto

CONMIGO

En esta tarde que cuelga del balcón
quiero ventilar mis cosas
compartir estas preguntas
que marchitan

Hoy por fin tomando el café
entendí
que siempre he vivido
en las respuestas

COMO LA SERPIENTE

No te cansas de dar vueltas
entre los mundos que te habitan

Acumulas recuerdos
canoas que llevan días de una orilla a otra

Vigilante acechas gestaciones
y esperas

Cuando creo que duermo
el tic tac me despierta
clavada a tus manecillas
en los sonajeros de tu cascabel

ÚLTIMO ACTO

¿Qué me dirá Dios cuando le pregunte por ti?

DESCONCIERTO DEL MEDIO DÍA

Mi alma
olvida que es una marioneta
colgada de los hilos
del titiritero

A veces siento las punzadas

KEY BISCAYNE

Aquí frente a tus aguas
una mañana gris de septiembre
el mar duerme
y oculta turbulencias

Espero el paso de la próxima gaviota

Aguas que venció la brisa
en ese mar desierto y sombrío de mi alma

El cielo se desborda
en un manto de luz y neblina
viento que acaricia el azul del universo
su belleza es un espejismo

En el agua pedazos de cielo
y yo en el mar
atrapada por las olas

TIEMPO ESCLAVO

Arrancas hojas a mi calendario
crees que me asustan las arrugas y las canas
que me aturde la pólvora
y las velas que prende la hojarasca

Vete
no me place jugar

Te lanzaré al infierno desde una catapulta

DISFRAZ

De mí vientre
puedes arrancar la araucaria
los versos malsanos y las púas
la piel que ya no cubre el beso

Mi espíritu hace rato que vuela lejos
el viento solo se lleva el viento

Soles Manchados

REY DE LAS TORMENTAS

*Adora este mundo de humor de acuarela
en pagodas de vidrio colgadas con velos de verdor
donde diamantes resuenan himnos en la sangre
y la savia asciende la ladera de las venas*

Silvia Plath

ODA AL STORM KING MUSEUM
I   AL CREADOR

Rodaba en busca de paisaje
　　　　y te encontré
teñido de arreboles
despertar de mi delirio
eras principio y fin de la fábula no escrita
　　　　y escuché tu voz
tu eco retumbaba en mis oídos

Me hiciste niño hijo de orfebre
intruso escudriñando el secreto de las formas

Vi al obrero forjar el hierro
y templarlo como un arco
la piedra cuneiforme
me contó su historia
vi a los que estuvieron
antes de la letra y de las formas

II LO CREADO

Siento un vaho por encima de mi cuerpo
sombras buscando su luz

El trípode de hierro respira hondo
y un árbol con brazos de espadas
esculpe para mí las estaciones
junto a ellos voy
en la columna de pájaros
cortando el horizonte
la hierba acunada en su pecho
palpita
el resto duerme mi sueño

Quiero al silencio
derribar mis paredes
ser un soplo
que alojes mi vida
en otros cuerpos
que me inventes perfecta

Ser armazón en la lluvia
hada en la neblina
musa que recorre laberintos
y se mece en los balcones
cuando el mundo deja de ser azul
hora en que el universo
se abre en ventanales para verte

III OCULTO

Busco al hombre
que dejó su imagen
en la huella de la nueva forma

No pudo llevarse nada
dejó sus alas y el cincel
en el mármol
su espíritu cuelga del madero
y en la sangre que corroe
la escultura

No partió del todo
rasgó el velo de piel
y liberó al dios inquieto
prefirió la sombra ajena
y en ella se hizo forma

IV SOY

Locos
llenos de creación
en la magnificencia del caos
perennes impregnados de existencia

Manos y materia
colgándose   alargándose   formándose
inventando nuevos epitafios
todos de paso
como fósiles ingrávidos
testigos del planeta

Me dejo llevar por tu tormenta
mi espíritu vuela
mis pies se hunden entre poros
me arrebatas el cuerpo
inhalo una arboleda
soy la forma en movimiento
ilimitada   infinita
sumida en la armonía creadora

Soles Manchados

SOLES MANCHADOS

Afuera hay sol.
No es más que un sol
pero los hombres lo miran
y después cantan…
… Afuera hay sol.
Yo me visto de cenizas.

Alejandra Pizarnik

MÁS TIEMPO

¿Qué les diré?
que devuelvo virgen
el puñado de ilusiones
su tiempo lirio blanco
días huyéndole a la muerte

Seré caja desierta
sin el arrullo del latido
desnuda de la carne que me dieron
huérfana
ante la injusticia de sus ojos

Con el dolor de mis anhelos (solo míos)
sin los grilletes
partiré

Les dejo mis pecados
implorando de rodillas

INVARIABLE

Hay dolor
en la mano que empuña temerosa
el aire
que respira el rebaño

En esa espada que atraviesa
de la palabra
el alma   el recuerdo
pájaro que cierra sus alas
incrédulo a la llegada del verano

Súplicas   hilos de aire
que acuna el viento
en esos siglos que suceden
transformando el polvo en piedra

EXPRESO DEL SOL

Tu tiempo en la rosa
inocente
cadena que ata fantasmas
a ese aire que vela
tu agonía

Gigante moribundo
apenas te aguarda la hierba
y la estación en ruinas

Evocaciones que escapan
de la memoria

Llegó tu hora
ese viaje que ahogó la tristeza
y enterró a los pueblos
este viento ensañado
en hacer polvo la oruga

SOLES MANCHADOS

A Irak, en sus noches aciagas

Lo observo escondida
tras ese muro imaginario

Sus patas
ventarrón que cruza la maleza
devoran el espacio
una estela de soles manchados

Siento su presencia
fantaseando en la noche

El miedo palpita
tiene hambre
el hambre enlaza los temores

La manada espera

Miedo de las manchas y las sombras
hambre insaciable que se viste de leopardo

LA ZOZOBRA
SIEMPRE LA ZOZOBRA

A las Damas de Blanco en Cuba

Que nada manche tu vestido
ni tus palabras
en los ciegos azotes del hambre
y del miedo

La zozobra en el alba
despunta en un calvario
para el perseguido

Tus calles
acorralan con su lengua
al indefenso

Sangran las manos
la verdad es tumba
ola que ahoga el grito

La niebla es reposo
que remienda las noches
en la herida

HOLOCAUSTO

Llevo en mis manos la montaña
es una bola de fuego
llegó en la madrugada
hasta mi ventana indefensa

Tierra que exhalas
consuela al rio que te busca
y a estas liebres
que huyen rumbo a la ceniza

En su destierro sin testigos
el hielo se desgaja
quiebra su silencio en avalanchas

La montaña de papel
se deshace en polvo frio
el mar la arrastra hasta mis pies
en oleadas que hieren

El poema que arde a fuego lento

DENUNCIA

A las víctimas de la violencia

Y fue ese río
el cuerpo mutilado
en busca de la orilla
trinchera que aguardaba
a los caídos

Nos manchó la guerra
el miedo   el odio
puñal aferrado a la conciencia

Fue roja la lluvia
en las noches del ultraje
un lobo cegado por el hambre
nos devoró
al primer disparo

CAMPO SANTO

Recorrí jardines
lo busqué bajo la sombra de los
árboles
insensible al canto de los pájaros
al aroma de los frutos

Todo en ti es despojo y ausencia

Ni todas las flores harían la
primavera
al lado de estas lápidas
recordándonos la muerte

ENTRE CENIZAS

Te dieron un canto
una desbordada anchura
la perfecta medida del pecado
costilla inocente
que es joroba
piedra enterrada en la gruta

Fue tu culpa
el hombre
que reposó en tu manto
filigrana dormida en tu carne
aura deforme que ampara al árbol
de los soles traviesos
que se sacian del bien
y del mal que acusa

En tu rama
cuelga la serpiente
viene de tu infeliz vigilia
y de la noche que pasó ligera
buscando

Revolotea el insecto
con deseo
adivina el néctar de tu vientre
lo lame y se llena de espejismo
quieres el pico   el diente afilado
el tajo que corta tu simiente
de manzana
el que entre dolor anuncia
tu paso por la hoguera

RAYUELA

Me he mudado a otra esquina
abandoné mi pálida corteza
me fui

Dejé mi cautiverio de larva perezosa
corté las aristas
alcé el vuelo
a esa ruta donde mi otro yo esperaba

Ahora es el sol en las calzadas
el universo jugando en mi orilla
ventarrón que azota la puerta
y cuelga mis zapatos viejos
en el tendido eléctrico del barrio
la falda de listones ya no es mía
arropa la intemperie

Luces fugitivas tejen primavera
—en los rincones—
diáfano es el viaje   la estación que regresa
corolas que no temen sequias ni aguaceros
ni hormigas que degustan mieles

La otra esquina   la florida está en mis ojos
en el salto del niño jugando a la rayuela
cuadro a cuadro
su sonrisa enlaza
un corazón envuelto en llamas

EMIGRA LA PALABRA

Que el verso sea como una llave
que abra mil puertas.
una hoja cae; algo pasa volando;
cuanto miren los ojos creado sea,
y el alma del oyente quede temblando…

VICENTE HUIDOBRO

ELLA

La que hala mis cabellos
me asalta
en su sonambulismo
inventa otra noche
y se pasea en mí

La que no teme
se burla de la carne y de la ofrenda
cambia a su gusto de pieles

La que alumbra otros mundos
desde su vigilia

De día es otra
la que escribe
la que salta los barrancos
y vaga en el silencio de mi desnudez

A su antojo me rompe
me hace otra
matiza con color mi sufrimiento

EMIGRA LA PALABRA

Al monte emplumado
del ángel maltrecho que cargamos en la espalda
en la memoria fugitiva de la patria
que lloró un día nuestra ausencia

Emigra la palabra en espiral
la que levanta el grano desgajado de la espiga
la que resiste el clamor solitario
de un deseo resignado al golpe

La palabra en la ausencia
dándonos el ala que nos falta

Somos ciudadanos de estas orillas
faros de dos mundos
que se funden en tormenta
y esperan la noche
damiselas suspendidas entre sueño y sollozo
nostalgia que arrastra hacia los surcos
de cielos que llueven solo espinas

Andariegos somos
vagamos en el mapa perdido de la tinta

Somos
la palabra y yo seducidas
violadas en el margen
himno silente de las manos
aferradas al péndulo
inmunes a las lágrimas
que visten el olvido y la inclemencia

Volamos
a esos laberintos
donde viven espíritus sin freno
versos que surgen del silencio
dueños ancestrales de la hora muerta

La palabra me busca nos buscamos
tenemos el hambre de bolsillos rotos
perseguimos la musa del lápiz despuntado
para que nos dibuje los recuerdos
en su piel dormitamos como niños
en el limbo donde anclamos los poetas

Juntos   poetas y palabras
fundidos
en abrazo y llanto
nos posamos como garzas
sobre los pantanos de la línea

Un nacimiento se levanta en la ranura
sol que brota entre trazos de grafito
la nueva criatura se desboca galopante
y los versos crecen

Caemos rendidos ante la belleza
libre de salientes
y carente de comienzos
en la explanada azul y verde
la palabra y yo ancladas a la tierra

Venas de los *Everglades*
¡Florida, tierra virgen!
espuma de sal que hiere
ola acariciante que arrebata abriles
y acoge las desventuras de sus versos

Peregrinos   poetas
siempre peregrinos
oleadas de aves y palabras
descansan inermes en tu pradera
antes de emigrar a la otra orilla

VERSO

Ayúdame a recordar el sonido
y lo que fuimos

No hay historia
solo imágenes que relampaguean
perdidas en los primeros trazos
de esta fuente que era el alma

Juntos reclamamos la existencia
el derecho a la palabra

Árboles que descascaran la piel
para atestiguar el tiempo

DE VUELTA AL PARNASO

Me llamas desde la eternidad
entre relámpagos
haces ciclón mi camino

Crees que el tiempo ablandará el pedernal
que muero por volver a la tormenta
librarte en la batalla
escalar el monte
enclaustrada en tu alabanza

Apolo rasga el cielo con su voz
y el poema regresa
es soplo de tierra adormilada
apenas concebida

CIEN POEMAS

A Facundo Cabral

Viajaron desde la raíz del fuego
su huella fue manto que amparó protestas
cien poemas que se negaron al silencio

Oí estos versos gemir
en su denuncia
mortales y libres
vaciándose de su vacío
desprendidos de la carne
de los que marchan cabizbajos
hartos de guerra y desesperanza

Como a ti   Facundo
la agonía de esas musas de ojos abismales
traspasó mi espíritu
nos cayó encima la guillotina
la noche sin techo
la llaga y el despojo
la solemne indiferencia

Cargué mis días y te seguí
ahuyenté el cansancio y el conformismo
con estos versos
incapaces de renunciar al canto

NO HAY PAISAJE EN LAS ORILLAS DEL QUE ESPERA

…Y aquella vez fue como nunca y siempre
vamos allí donde no espera nada
y hallamos todo lo que está esperando.

PABLO NERUDA

AUSENTE

El espejo inventa tu cuerpo perdido
en los siglos   Eva
mujer a medias
despojada de virtudes

Allí estas
desnuda la piel ante el cristal
te recorres como un río

Tu vientre en cascada
que no calma
atesora el tibio tacto de esos dedos

¿Cuántos nombres entierras en tu arena?

SIEMPRE

Acompañaré al recuerdo
de esos que se amaron
ingenuos
en los despertares
de la carne

Te debo mi vacío
el abrazo que faltó

Temí al presagio
al mal sueño
y a la conciencia

Fui agua mansa
barca que llevó tu cuerpo
a ese mar sin orillas
en búsqueda

En el horizonte anclado
mi verso de manos abiertas
te espera

ENCRUCIJADA

Entras a la jaula
ese confín que teje pesadillas
y se oculta en mi almohada

Por allí deambulo
en esas horas de los naufragios
tus ojos sin luz me encuentran
y arrastro su lobreguez
al horizonte que imagino

Cruje el viento
teje un abismo en tu carne
se desprenden
promesas   perdones

Ya se borró el alba
en tu puerto
las aguas nuevas
dejaron cicatrices

Recojo tu sombra
—doblada—
bajo este cielo amurallado
inmune a los milagros

HABLO EN SILENCIO

Para que no amarres mis palabras
quiero evitar el odio
el claustro y la vigilia

Hablo en silencio al silencio
a ese que estalla devora
y no suelta señales

Le hablo a mis piedras

EN LA PENUMBRA

En la esquina de la noche
huyes al encuentro
su nombre es una yedra aferrada a la conciencia
la palabra esculpida   el misterio

El beso ansiado quema

A media luz la hoguera
atiza el fuego
con promesas rotas

SIN FLORES

Tu adiós llegó
y ya eras polvo

Un eco
le da vida a tu voz
frágil celda en la memoria

¿Cómo decir adiós
si aún sigues abrazado al aire?

Pez que juega en el anzuelo
incrédulo ante la muerte

En ti pudrió la primavera

IMAGEN

Perdió el verde
que alimentó la oruga
el galanteo
que atrapaba su fragancia

Anocheció de repente la mañana

Se escapó el deseo
perdió su diablura
y derrochó la magia

Solo queda la vanidad colgando de los dientes
y un amasijo de harapos y quimeras
anudado a sus zapatos viejos

EN MÍ

Caes como la lluvia
de ese cielo roto que me mira
te escabulles
y eres aire que enciende

Mi sueño cede al ansia
siento el gris deslizarse
el dulce veneno que serpentea
y brota de mis muros
Tu aliento me atrapas
y soy honda
suficiente para anclar el verso
húmedo
a la gota inocente

OFRENDA A LOS AMIGOS

Me escondo de la luz
soy en lo que escribo

Reconozco la silla vacía
la llamada que insiste
la tarjeta junto al regalo mustio
mas no el olvido

Estás entre palabras
en las sonrisas que acaricio
a solas en la rama de los árboles
contándonos secretos
(que ya sabes)
en mis días sin fecha para el recuerdo

La ilusión de ese abrazo
ahuyenta la soledad
de mi destierro

AMANECE

A la tierra que se añora

Ciudad que te levantas
sedienta de mis sueños
colgué montañas en tus muros
y vorágines en tus fuentes prohibidas
escribí mi nombre en tus pieles
para que me veas

Abandoné mi abandono
aprendí a caminar las huellas del exilio
ebria en tu espejismo

Me enseñaste a esperar estaciones
para mitigar la amargura del viaje

Esta es mi parada
la que me lleva a los días repetidos
que socavan

Enséñame hoy
la calle torcida
el monte secreto que escondes
paisaje que se rompe en acuarela

DÍAS DEL CALENDARIO

Dicen que es lunes
en este sol de domingo que bautiza
anuncia la mañana
entre campanas que revientan

Es miércoles dicen
el sol traspasó la acera
juega en mi ventana
me seduce
a un viaje sin retorno

El ave fugitiva
se acerca a la cornisa
saluda a la nueva flor
que abre en mis labios
su destello es hoguera
para prender el tiempo
de estos días que vienen
vestidos de hojarasca

ME DIBUJO

Soy de mí la nueva imagen
florecida en el deseo

Espina de la carne
poema tatuado en la desventura del recuerdo
letras cubren mi rostro
lágrimas que escapan del cautiverio

Cierro los ojos al trazo
la aguja teje la memoria
burbujas entintadas recorren laberintos
en los que antes nadie (nada) entró

Soy una mujer recién salida de la concha
libre para regocijar el tiempo

VIDA QUE TE ASOMAS

A Bahía Drake, Costa Rica

Génesis
savia que fluye en mi cuerpo
embrujada y sin memoria

De agua y roca vengo
vestida de hiedra y árbol
me gustan las escamas
la cola en que me cuelgo
el pico curvo
mis alas tornasoles

Soy un animal raro

Un ave se posa frente a mí
busca el gusano que guardan mis ojos
mientras zumba su cuerpo luminoso

Ónice, tierra emergida
selva de palmeras y árboles de Baco
madre con su crío
aguas bravas escudriñan tus secretos

Puerto de hembra impulsiva
aborígenes con lanzas
en tus fronteras invisibles

Un pajarillo revolotea entre las ramas
impávido me observa
no logra descifrarme

Enigma soy de mí misma

Bahía Drake
hurañas criaturas se esconden en tu vientre
todo es dado
del polvo de tus fauces cobran vida

DENTRO

Temí el adiós antes de nacer
temí mis muertes

Ese adiós sin espacio ni latidos
sin tiempo

Eras
ese nudo débil que ata el aire
un olor a cicuta que espera la partida

Cerré los ojos
a los arreboles prestados
me quedé sin rostro y sin color

Dejé que el viento se llevara
la carne y la memoria

SIN VUELO

Tu imagen de piedra
atesora despedidas

Pídele mis gritos
los ojos que enlutaron estas tardes
ajenas a la vida

El pájaro cansado de revolotear
se posa en la efigie

Te llevas el tiempo mío
y el tuyo

Todos se han ido
tan solo el ave regresa

No hay paisaje en las orillas del que espera

Soles Manchados

PILAR VÉLEZ

Poeta y narradora colombiana. Su obra cambia de voces motivada por sus vivencias e inquietudes sociales, la influencia del amor y su exaltación por la naturaleza. En Soles Manchados, su poesía es introspectiva; nos lleva a un viaje a través de dimensiones en las cuales el alma se exterioriza y reclama su lugar en la existencia, en la creación y en lo creado. Es autora del Expreso del Sol (*Snow Fountain Press*, 2014). Coautora de *Pas de Deux*, Relatos y Poemas en escena (*Snow Fountain Press*, 2012), obra ganadora del *International Latino Book Awards* 2014 en la categoría de Mejor Libro de Poesía escrito por varios autores. Sus poemas han sido publicados en varias antologías. En julio de 2012 obtuvo el Primer Lugar en Narración y Mención de Honor en Poesía, XXI Concurso Literario Internacional convocado por el Instituto de Cultura Peruana (Miami). Su poema "Carta a mi sueño" fue seleccionado como poema institucional de la Fundación *Girls Going Places* de los Estados Unidos. Fundadora y Directora del capítulo AIPEH Miami (Asociación Internacional de Poetas y Escritores Hispanos / Asociación Internacional de Arte y Cultura Hispana). Creadora de la Celebración Internacional del Mes del Libro Hispano. Promotora y organizadora de eventos literarios y culturales en la Florida. Embajadora de Mujeres Poetas Internacional. Conferencista internacional de Construya su Plataforma. Graduada en economía, obtuvo un MBA de Nova Southeastern University.

www.ingramcontent.com/pod-product-compliance
Lightning Source LLC
Chambersburg PA
CBHW051737040426
42447CB00008B/1185